AF176583

gespräche mit jonas

..machen Mut zum Leben

Lasst uns eine Brücke bauen

Versöhnung in der Sterbevorbereitung

Wolfgang Nicolaus

Bibliografische Information
der Deutschen Nationalbibliothek:
Die Deutsche Nationalbibliothek verzeichnet
diese Publikation in der Deutschen National-
bibliografie. Detaillierte bibliografische Daten
sind im Internet über http://dnb.dnb.de abrufbar.
Herstellung und Verlag:
BoD – Books on Demand, Norderstedt

ISBN
9783756228898

www.gespräche-mit-jonas.de
Wolfgang Nicolaus
Blasewitzer Ring 7, 13593 Berlin
Tel.: 03036742015
Mail: opanic@web.de

Covergestaltung: Wolfgang Nicolaus
Bildnachweis: irinavar 123 rf

Inhaltsverzeichnis

Stifte Frieden

BEVOR

der Abschied kommt

Hinweis

Hier werden Gespräche zwischen Jonas und dem Autor wiedergegeben. Die Hinweise, die währenddessen von Jonas kommen, sind von ihm auf meinen individuellen Weg zugeschnitten und aus himmlischer Sicht zu interpretieren. Eine Gültigkeit für jedermann ist daher nicht ableitbar. Es können Informationen in das eigene Leben integriert werden, sofern sie nützlich erscheinen.

Die Gespräche mit Jonas weichen auch oft von dem ab, was über Themen wie diese üblicherweise geschrieben wird, weil er eine ganz andere Übersicht hat als Menschen, die aus einem begrenzen Sichtfeld agieren.

Kraft deiner eigenen Entscheidungsfreiheit kannst du dem Dialog mit Jonas unter diesem Aspekt etwas abgewinnen oder nicht. Das bleibt ganz dir überlassen.

Wer ist Jonas?

Jonas ist mein übergeordneter Begleiter, Freund und abendlicher Gesprächspartner aus einer höheren Daseinsebene. Er hilft mir, Lebensbereiche, auch weit über dieses irdische Leben hinaus, zu erforschen. In jedem Falle werden mir dabei viele neue, interessante Sichtweisen aufgezeigt. Wenn Jonas etwas mit mir bespricht, ist seine Antwort schon in meinem Kopf, bevor ich eine Frage zu Ende gebracht habe. Dabei ist er schonungslos offen und gibt Antworten, die mich oft sehr nachdenklich machen. Und das ist gut so, sonst komme ich mit meiner inneren Entwicklung nicht weiter. Ab und zu muss ich einen Tritt in den Allerwertesten haben, bevor ich den Gleichnamigen bewege. Jonas ist Freund, nicht Lehrer. Das macht Sinn, wenn man bedenkt, dass ich eigene Erfahrungen machen muss, um Erkenntnisse daraus zu gewinnen. Er gibt Anstöße zum irdischen Leben in Ausrichtung auf die Werte, die im Himmel als Existenzgrundlage unabdingbar sind.

Vorwort

Corona machte Probleme

2021 wollte ich mich zur Ausbildung als Sterbebegleiter anmelden. Die Coronapandemie machte mir einen Strich durch die Rechnung. Alles war auf unbestimmte Zeit verschoben.

Im privaten Umfeld hatte ich parallel einen Fall, wenn ich mal so sagen darf. Hier hätte ich gerne eine professionelle Hilfe angeboten. Das war so nun nicht mehr möglich. Dennoch wollte ich etwas tun, denn „der Fall" war ein langjähriger, guter Bekannter.

Also wandte ich mich an Jonas, weil er immer mit dem Herzen dabei ist. Und das ist auch das, was mich antreibt. *„Herzenswärme wirkt Wunder"*, sagte er mir einmal. Dabei ist wichtig, dass der bald Heimgehende zum Bereinigen seiner inneren Ärgernisse kommt.

Versöhnung in der Sterbevorbereitung

Somit steht das <u>Lösende Sterben</u> des Betroffenen im Vordergrund. Erklärend ist hier das Wirken im Binden und Lösen des menschlichen Lebens.

Oft schwelen langwierige Streitereien in den Beziehungen. Besonders in der Situation des nahen Sterbens ist das eine große Belastung. Streit ist Binden. Man bindet sich in Vorwürfen, Hass und Schuldzuweisungen. Der Betroffene sollte sich jedoch von seinem irdischen Leben <u>lösend</u> verabschieden können. So ist das Annehmen des Unvermeidbaren besser möglich.

Streitbeteiligte sollten sich im Angesicht dieser Tatsache miteinander versöhnen, damit der letzte Weg in Würde angetreten werden kann.

„Mein erster Fall"

„Die erste Begegnung ist immer die Schwierigste, dann wird es zur Routine", so der allgemeine Tenor in der Ausbildung zum Sterbebegleiter. Aber zur Routine würde ich das nie werden lassen wollen, sonst kann ich nicht mehr mit dem Herzen arbeiten.

Gleich zu Beginn (hier ohne diese Ausbildung) bekam ich die volle Wut-Wucht meines Bekannten zu spüren. Leicht war es mit ihm ohnehin nie. Mit seinen vielen Ecken und Kanten hat er wohl die Sturheit als Dauer Abo gebucht!

Im blieben noch 4 bis 6 Monate. Sein Krebs war ausdiagnostiziert und man entließ ihn aus dem Krankenhaus, um in Ruhe zuhause sterben zu können. „In Ruhe", brummte er mir entgegen.

Ich will nicht mehr

Mit seiner Schwester lag er im Streit. Schon zwanzig Jahre lang ist Funkstille.

„Nein, auf Biegen und Brechen, nein! Mit diesem Menschen will ich nichts mehr zu tun haben. Basta. Da kann kommen was will. Soll Hilde doch den ersten Schritt machen, dann könnte ich mich eventuell zu ihr herabbeugen, denn sie hat ja was verbockt, nicht ich!"

Sein Dauerwiderstand war somit mein Einstieg in die anspruchsvolle Aufgabe zwischen den Beiden eine Brücke der Versöhnung zu bauen.

Raus mit der Sprache

„Jonas, mich bedrückt etwas."

„Was ist los, sprich einfach."

„Ich habe eine Aufgabe übernommen, der ich vielleicht gar nicht gewachsen bin."

„Erzähl mir Näheres."

„Ich möchte meinem Bekannten und seiner Schwester helfen ihren langanhaltenden Streit beizulegen. Wie kann ich denen dazu eine Brücke bauen?"

„Warum ist dir das so wichtig?"

„Er hat Krebs im Endstadium, und ich möchte das er in Frieden seinen Heimgang antreten kann."

Als Kriegsveteran ist er ein recht kauziger achtzigjähriger, verbohrter Knabe. War mal ein harter Bursche. Heute ist er nur noch ein Schatten seiner selbst. Mit seiner Schwester Hilde liegt er schon seit zwanzig Jahren im Clinch. Das nimmt ihn sehr mit, aber den ersten Schritt tun? Nein, dafür müsste er ja über seinen Schatten springen."

„Erzähle weiter."

„Lange Zeit war alles in Butter. Sie bewohnten gemeinsam das große Haus ihrer verstorbenen Eltern. Aber dann gab es einen Riesenstreit um den Hund der Schwester. Von da an redeten sie kein Sterbenswörtchen mehr miteinander.

„Hatte der Hund etwas angestellt?"

„Ja er hatte den teuren Perserteppich mit einem großem Geschäft verziert."

„Und dann war die Hölle los."

„Nicht zu knapp. Die gute Hilde kaufte den Hund damals, ohne ihren Bruder zu fragen. Er hatte den Hund um des lieben Friedens willen sowieso immer nur geduldet. Einmal erzählte er mir hinter vorgehaltener Hand, dass er den Waldi einmal (versehentlich natürlich) getreten hatte."

„Und dann?"

„Sie warf ihm eine teure Vase an den Kopf und zog entrüstet aus. Seit zwanzig Jahren meiden sie jede Begegnung. Der Waldi ist schon längst tot. Treffen beide doch einmal aufeinander, liegen sie sich gleich wieder in den Haaren. Egal, ob da andere Leute dabei sind oder nicht. So erlebt im Eingangsbereich des Krankenhauses, als er von der letzten Chemo entlassen wurde.

Ich holte ihn mit dem Auto ab, denn er hat schon lange keinen Führerschein mehr. Da flogen gleich wieder die Fetzen als Hilde vor ihm stand."

„Was wollte sie denn da? Ihn abholen?"

„Keine blasse Ahnung. Sie stand nur da und guckte Heinrich erwartungsvoll an. An der Leine hatte sie einen neuen Waldi. Heinrich bekam sofort Schnappatmung."

„Da übernimmst du keine leichte Aufgabe, mein Lieber."

„Was soll ich denn machen, Jonas. Ihn sitzenlassen?"

„Nun gut, ich werde dir ein wenig helfen. Aber denk nur nicht, dass der Ausgang dieses Streites im Guten ausgehen muss. Es kann auch nach hinten losgehen."

„Für mich auch?"

„Klar. Geht's schief bist du der Prügel-knabe. Sei dir dessen bewusst. Wieviel Zeit bleibt Heinrich nochmal?"

„Der Doktor sagte, etwa vier bis sechs Monate."

„Das sollte reichen, um wieder eine Brücke zwischen den Streithähnen zu bauen."

„Wie könnte ich beginnen, ohne gleich alles zu vermasseln?"

„Wir reden morgen darüber. Ich gehe erst einmal in mich, ok?"

„Gut. Danke dir für dein Hilfsangebot, Jonas."

Am nächsten Tag sprach Jonas zu mir

„Eine Streitanalyse brauchen wir nicht mehr. Die Fronten sind wohl klar."

„Sehe ich auch so."

„Beginnen wir mit dem Ego beider Parteien. Jeder darf erst einmal dieses Gefühl ausleben, welches sowieso anliegt."

„Hä?"

„Das ist ein Trick, um den Unmut herauszulassen und Raum zum Gespräch zu bieten. Sonst wird er (oder sie) gleich wieder bocken, wenn du unmittelbar zur Einsicht aufrufen willst."

„Jonas, du Filou! Das ist wohl schon ein erster Brückenpfeiler, oder?"

„Du verstehst?"

„Klar. Also wie könnte ich das anfangen?"

„Nimm dir erst die Hilde vor. Sie hat aus ihrer Sicht einen guten Grund, beleidigt zu sein. Da kannst du einhaken, denn ich denke, dass sie leichter zu bearbeiten ist als Heinrich."

„Ok, und weiter?"

„Lass sie einfach reden. Das löst ihre Zunge und sie wird zugänglicher."

„Ich falle also nicht gleich mit der Tür, sprich Einsicht, ins Haus?"

„Erfasst."

„Was kommt dann?"

„Lass ein paar Tage vergehen, und sage ihr, dass sie jederzeit anrufen kann, wenn ihr danach ist."

„Soll ich Heinrich als meinen Freund berichten, wie weit ich mit ihr bin?"

„Um Himmels willen. Sag ihm noch nichts von einem Gespräch mit ihr. Du wirst später mit ihm reden. Bedeute ihm, dass es dir ernst ist, und dass es dir wirklich nicht leichtfällt. Deshalb brauchst du ein wenig Zeit. So schindest du bei ihm ein paar Tage, klar?"

„Und die Hilde?"

„Setze ein zweites Treffen mit ihr an. Sie wird wieder anfangen, über ihn lauthals zu schimpfen."

„Sehe ich auch so."

„Sage stopp. Hilde, ich habe einen großen Wunsch. Ich möchte gerne, dass Heinrich in Liebe loslassen darf. Ist das nicht auch dein Anliegen?"

„Was wird sie sagen?"

„Sie könnte sagen: Mir doch egal."

„Upps, dann weiß ich nicht mehr weiter."

„Du sagst dann: „Aber warum warst du ihn dann abholen?"

„Sie könnte sagen: Um den neuen Waldi vorzustellen."

„Deine Vorstellungskraft möchte ich haben. Sie wird einlenken, denn niemand ist wirklich so bösartig wie du dir gerade vorstellst."

„Jonas, bleib geschmeidig."

„Nun, das Abholen des Bruders war ja schon mal ein gutes Zeichen von ihr. Betone das, und nimm dies immer wieder zum Anlass, ihr Herz zu erwärmen. Sie ist doch im Grunde eine Gute, nicht wahr?"

„Ich weiß nicht, ob sie gut, oder ein Drachen ist. Bisher hatte ich mit ihr wenig zu tun."

„Geh mal davon aus, dass sie kein Drachen ist, ok?"

„Ich soll ihr also Rotz um die Backe schmieren…"

„Schon wie du das sagst. So kommt es nicht rüber, sondern zeigt ihr deinen komischen Unterton. Das muss bei dir ganz aus der Hüfte kommen. Gib dir mal ein kleines bisschen mehr Mühe!"

„Gut, mache ich."

„Noch etwas Wichtiges: Lass dich nicht von einer Seite einnehmen. Niemals recht geben! Neutral zuhören genügt. Beide werden sich als Unschuldslamm aufführen und dem anderen die Schuld in die Schuhe schieben. Jeder will dich auf seine Seite holen und damit Bestätigung erlangen. Damit machst du die Tür zur Einsicht zu! Sei dir immer bewusst, dass sie dir viel Käse erzählen werden."

„Wie filtere ich das?"

„Nochmal! Höre interessiert zu, aber stimme nicht zu. Halte dich bedeckt. Bringe den jeweils anderen nicht ins Spiel. Das facht den Ärger nur an."

„Jonas, irgendwann geht's da nicht mehr weiter."

„Genau da will ich hin. Sie werden selbst bemerken, dass es immer derselbe Kram ist, den sie dir da auftischen. Und dann entsteht ein sogenanntes Gesprächsloch."

„Jetzt kommt der zweite Pfeiler für die Brücke?"

„So in etwa. Nun hast du die Gelegenheit, zu fragen. Frag einfach vorsichtig nach, ob die eine Partei um die Nöte des anderen weiß."

„Ich kenne schon die Antwort, Jonas."

„Nein, ich bremse dich hier mal: Du wirst in der Regel ein Fragezeichen auf ihren Gesichtern sehen."

„Gut, gehen wir einmal davon aus das dem so ist."

„Sage ganz deutlich, aber ohne die Stimme zu erheben, worum es hier und jetzt geht. Es geht um seinen Heimgang, der in nicht mehr so langer Zeit bevorsteht."

„Kommt jetzt die Brücke?“

„Ja. Erwähne die Brücke. Denn sie ist eine Verbindung zu beiden Herzen. Vielleicht kannst du dafür eine kleine Zeichnung, die du während des Gespräches machst, einsetzten. Anschauliches wirkt immer viel besser.“

Was könnte also als Brücke tragfähig sein?

„Frühere Gemeinsamkeiten. Bilder aus der Kindheit. Hol sie heraus zum Betrachten und Aufnehmen der alten Verbindungen. Knüpfe an die guten, alten Zeiten an. „Es war doch nicht immer so, oder?" Du wirst ein Lächeln entdecken, weil die positive Gefühlsebene angesprochen ist. Die Brücke ist: Kommt, lasst uns diese guten Gefühle festhalten. Sage auch: „Sie sind immer noch da, aber nur verschüttet. Ich helfe gerne, den Schutt bei Seite zu räumen. Die Streitzeit ist doch kürzer als die gemeinsame, gute Zeit."

„Kein Mensch wird einem Heimgehenden die Würde zum Sterben absprechen, denn jeder steht einmal selbst an dieser Stelle und möchte bestimmt auch gerne in Liebe gehen wollen.

„Und wenn einer der beiden Streithähne bei seinem harten Standpunkt bleibt?"

„Hier wird es auf dich ankommen, inwieweit du die Geduld aufbringst, immer wieder an dieser Brücke zu bauen und beide dabei mitnehmen kannst."

„Wann sollten die beiden zusammenkommen?"

„Wenn du sie so weit hast, dass sie dir wirklich zugehört haben und etwas von den Gefühlen des anderen aufzunehmen bereit sind. Du musst in Einzelgesprächen an diesen Punkt kommen. Dann kann die Brücke stabil werden. Ob sie allerdings bis über dem Ende Heinrichs durchhält, bleibt ungewiss. Aber es geht jetzt vordergründig um Heinrich, und um ihn zum Loslassen in Liebe zu bringen.

„Und wie gehe ich bei einem Zusammentreffen mit dem garstigen Heinrich um? Er möchte immer das man ihm besondere Aufmerksamkeit schenkt."

„Grundsätzlich wie mit Hilde. Er wird auch auf diese Gefühlsbrücke aufsteigen.

Gehe auf die besonderen, gemeinsam erlebten Ereignisse ein. Diese haben eine große Bindungskraft. Das ist die Ideallösung. Ziel ist es, wie gesagt, IHN zum Loslassen in Liebe zu bringen.

Nachdem Heinrich heimgegangen ist, kann die Brücke wieder einstürzen."

„Das hört sich aber gar nicht gut an, Jonas."

„Vielleicht aus der menschlichen Sicht. Aber betrachte das eher pragmatisch. Wenn Heinrich seinen letzten Gang hinter sich hat, und Hilde das alles ihm nur zum

Gefallen tat, dann bleibt **sie** für sich im Binden verhaftet. Sie kreist dann weiter um sich selbst."

„Glaubst du, dass es so ausgeht?"

„Es ist unwahrscheinlich, könnte aber so sein."

„Ja, was mache ich dann?"

„Versuche das mit ihr aufzuarbeiten. Reagiert sie nicht, ist eine Hilfestellung deinerseits nicht mehr möglich. Wer Hilfe nicht annehmen will, der will eben nicht. Zwingen kannst du sie nicht. Es ist nicht dein Problem, wenn jemand alte Gräben partout nicht überwinden will.

Binden und Lösen

..begleitet jeden Menschen auf seinem langen Weg. Binden und Lösen ist in der Gegensätzlichkeit des irdischen Lebens eingebettet, wie kalt und warm, Gut und Böse etc. Jeden Tag bewegen wir uns zwischen diesen Polen. Streit bleibt immer dazwischen hängen, weil er sich nicht an nur eine Seite ausrichten kann. Wenn jemand meint, dass er einen Streit lösen kann, indem er den Kontakt mit der anderen Seite ablehnt, ist das eine nur vermeintliche Lösung, und auch <u>nur für den Verweigernden</u> ein Weg. Es bleibt Flucht vor einer Konfrontation. Der Streit an sich ist damit nicht beseitigt. Letztlich ist die Furcht einzulenken, so groß, dass das Ego die Oberhand behält und jeglichen Versuch zur Versöhnung im Vorfeld abblockt. Die Vermeidung eines Zusammentreffens erscheint so als Lösung, weil das Ego dies als Eingeständnis und Niederlage ansehen würde.

Wenn man um diese grundlegenden Dinge weiß, dann fällt es leichter, die Hintergründe einer Verweigerung zur Schlichtung und Versöhnung zu erkennen.

Als Vermittler kommt deine Arbeit einem Mediator gleich. Diese zielt hier auf die Versöhnung ab, ohne, die jeweils eine oder andere Partei, zu unrealistischen Kompromissen zu bewegen. Dann kann die Angst um eine Niederlage ausbleiben.

Damit ist der Weg frei, dem Heimgehenden seinen letzten Weg in Liebe zu ermöglichen.

Im Hass gebundene Energie lässt keinen Spielraum zum Loslassen. Hass bindet. Deshalb sei allen Menschen empfohlen, im Vorfeld des Sterbens zu bereinigen was zu bereinigen möglich ist.

Für eine letzte, herzenswarme Handreichung und Erinnerungsteilung empfehle ich dir mein Buch:

Komm mit mir nach Hause

Hier gibt es tröstende Worte von Jonas an den Heimgehenden und freie Seiten, in die du etwas hineinschreiben kannst. Gelesen (oder vorgelesen) wird immer!

Was aufgeschrieben ist, wirkt tiefer

Danke für deine Zeit

Meine größte Freude wäre es, wenn du dem Gespräch mit Jonas etwas für dich entnehmen konntest. Vielleicht hast du ein paar Minuten, um dort, wo du dieses Büchlein erworben hast, ein paar Zeilen hineinzuschreiben.

Auf meiner Webseite:
www.gespräche-mit-jonas.de
freut sich auch mein Gästebuch auf dich :)

Der Autor